AF356097

NOTICE HISTORIQUE

SUR

MGR J.-B. DU CHILLEAU

Evêque de Chalon-sur-Saône

PAR

M. l'abbé Louis-M.-J. CHAUMONT

PROFESSEUR A L'ÉCOLE DE RIMONT

CHALON-SUR-SAONE

IMPRIMERIE SORDET-MONTALAN, RUE FRUCTIDOR, 1

—

1889

NOTICE HISTORIQUE

MGR J.-B. DU CHILLEAU

Evêque de Chalon-sur-Saône

I

Celui que le malheur des révolutions destinait à être le dernier évêque de Chalon-sur-Saône, Mgr Jean-Baptiste du Chilleau, naquit en Poitou, le 7 septembre 1735, au château de la Charrière, situé dans l'ancien diocèse de Saintes, actuellement département des Deux-Sèvres. Les armes de sa famille, l'une des plus illustres du pays, étaient d'azur à trois moutons passant d'argent, deux et un. Le comte, son frère, était maréchal de camp au moment de la Révolution ; il émigra et périt glorieusement sur le champ de bataille de Kamlach, en 1796.

Avant de monter sur le siège épiscopal de notre ville, Mgr du Chilleau avait été successivement vicaire général de Metz, chanoine de cette cathédrale, puis aumônier de la reine Marie Leczinska. L'infortunée Marie-Antoinette maintint l'abbé du Chilleau dans les mêmes fonctions ; mais les grandes qualités qu'il y déploya, une exactitude rigoureuse et une amabilité qui lui était particulière, le désignèrent bientôt au choix de Louis XVI pour l'évêché de Chalon-sur-Saône, devenu vacant par la démission de Mgr d'Andigné de la Chasse, en 1781.

A peine intronisé, le nouvel évêque donna des preuves « de ce zèle et de cette fermeté qu'on admira en lui jusqu'au dernier soupir. » Le clergé du diocèse l'ayant député aux États de Bourgogne, il y trouva l'occasion de montrer ses hautes capacités pour les affaires publiques, et le prince de Condé, gouverneur de la province, juste appréciateur du mérite, l'admit dans son intimité. Loin de se borner, comme tant d'autres, à cette époque d'utopies, à émettre de belles théories, à forger des constitutions, l'évêque de Chalon s'était mis courageusement à l'œuvre. Par ses soins, le collège de notre ville, tombé dans le plus déplorable état depuis que l'inique arrêt de 1762 l'avait arraché à l'habile direction des Jésuites, retrouvait avec les Joséphistes une partie de son ancienne prospérité.

Mgr du Chilleau s'occupa surtout, avec une tendre sollicitude, des enfants pauvres. La création des *petites écoles* était en grande faveur dans tout le royaume ; ce système d'éducation et d'instruction populaire n'a rien à envier à notre régime pédagogique actuel, et même doit lui être préféré sur plus d'un point ; tout au moins, il sert de trait d'union dans l'histoire de l'enseignement aux anciennes écoles de paroisse et à nos écoles primaires. L'évêque de Chalon compléta pour sa ville épiscopale et pour tout son diocèse l'œuvre de ses prédécesseurs, en plaçant à la tête des *petites écoles* les plus capables et les plus vertueux des jeunes ecclésiastiques du séminaire, « ayant étudié trois ans en théologie et désignés au choix de l'évêque par le supérieur ». L'administration appartenait à un bureau qui devait s'assembler tous les quinze jours, « faire la recette des fonds et aumônes destinés à cette œuvre » et nommer un commissaire spécialement chargé de la visite des écoles.

Citons encore, avant d'entrer dans le pénible débat que Mgr du Chilleau va soutenir bientôt contre la Révolution, une autre œuvre éminemment catholique et non moins chère à son zèle que la précédente : le rachat des chrétiens captifs d'Algérie. Le 7 décembre 1787, il prescrivit une quête à ses diocésains pour aider les religieux Trinitaires à tirer des fers ces infortunés, parmi lesquels on en remarquait plusieurs originaires de Chalon.

Hélas ! presque au même moment, les sectes ennemies de l'Eglise s'apprêtaient à forger les chaines dont elles voulaient la charger, après lui avoir ravi ses biens. Toutes les barbaries usent du même procédé.

Mais l'évêque de Chalon ne se laissera point intimider par leurs menaces. L'assemblée des notables, chargée de régler toutes questions relatives à la convocation des Etats généraux, se réunit, à Versailles, en 1788. Mgr du Chilleau donna, à cette occasion, des marques de son noble « attachement aux principes religieux et monarchiques ». Les fauteurs de la Révolution ne l'oublièrent point; aussi mirent-ils tout en œuvre pour faire échouer auprès de son ordre la candidature du vaillant évêque aux élections générales, qui eurent lieu l'année suivante. Une réunion préliminaire des trois ordres s'était tenue, le 9 décembre 1788, à l'hôtel de ville de Chalon, à l'effet de rédiger les cahiers qui devaient être remis aux députés du baillage. Il est facile de constater, en compulsant ces documents, quels changements profonds s'é-taient déjà opérés dans les esprits à la veille du scrutin général. Sur le conseil de ses ministres, qui subissaient eux-mêmes la pression de l'opinion publique, Louis XVI accorda le doublement du tiers, sans régler le vote par ordre ou par tête. On peut dire que la Révolution était faite dès ce jour, avant la réunion des Etats généraux.

L'évêque de Chalon l'avait bien compris, et voilà pourquoi les partisans des idées nouvelles, craignant sa fermeté et sa clairvoyance, s'acharnèrent contre lui. Leurs menées étaient plus vives que jamais quand s'ouvrirent dans notre ville les opérations électorales, lesquelles durèrent du 24 mars au 6 avril. Les deux députés du clergé furent MM. Genetet, curé d'Etrigny, et Oudot, curé de Savigny en Revermont, élus tous les deux par 194 voix; nous ignorons le nombre des suffrages qui se portèrent sur le nom de Mgr du Chilleau. Notre prélat avait fait, à l'ouverture de l'assemblée, au nom des électeurs de son ordre, dont il était le président, une déclaration portant que « le clergé de ce bailliage consent à partager dans la proportion de ses biens toutes les impositions publiques, sans aucune exception et sans autre réserve que celles des droits sacrés de la propriété ». Ce n'était pas ce que voulaient les sectaires, plus désireux de dépouiller l'Eglise, afin de ruiner ensuite son influence, que de venir en aide aux finances de l'État. Déjà, en effet, on proposait la confiscation des biens du clergé, et Mgr du Chilleau avait cru devoir protester contre une mesure aussi inique qu'impie; mais les membres du tiers état s'en indignèrent et critiquèrent vivement les termes de la déclaration du clergé chalonnais. Il est impossible aujourd'hui de partager leur émotion, et même d'en comprendre les véritables motifs.

Les événements se précipitent; l'agitation des esprits, loin de se calmer après les élections, ne fait que s'accroître. L'hiver précédent avait été des plus rigoureux; les récoltes menaçaient d'être mauvaises. C'en fut assez aux artisans de désordre pour fomenter de nouvelles émeutes, préludes d'orages plus considérables. Un odieux complot s'ourdit contre l'évêque de Chalon. — Un jour, rapporte son historien, se rendant à l'assemblée séante aux Cordeliers, il fut assailli d'une foule d'hommes égarés, armés de pierres, impatients de le lapider et de le jeter à la rivière, sous prétexte qu'il avait fait doubler les tailles, étant élu de la province.

Un autre jour, prévenu que les démagogues se disposaient à attaquer sa voiture pour faire justice de sa soi-disant aristocratie, il prit aussitôt la résolution de laisser sa voiture dans son palais et sortit à pied, accompagné seulement de quelques ecclésiastiques fidèles et courageux comme lui. En le voyant ainsi traverser la foule, les plus mutinés furent frappés de l'attitude intrépide que conservait leur évêque et ne purent s'empêcher de lui témoigner un respect d'autant plus profond qu'il succédait à une extrême fureur. Si partout les représentants de l'autorité eussent opposé aux passions déchaînées une résistance énergique, peut-être serait-on parvenu à endiguer le torrent révolutionnaire. Mais, au lieu de cela, on le laissa s'étendre et se grossir à son aise.

Aussi à partir du 5 mai, jour de l'ouverture des États généraux à Versailles, la paix, la sécurité disparurent-elles du royaume pour faire place à une jacquerie qui ira sans cesse en s'aggravant.

Les prévisions de Mgr du Chilleau se réalisaient de point en point. Il voulut cependant ne voir dans le serment du Jeu de paume et dans la prise de la Bastille que des excès d'un zèle trop ardent; malgré sa répugnance, il se prêta à une cérémonie qui devait faire consacrer par la religion le nouvel état de choses. Le dimanche 26 juillet 1789, les chevaliers de l'Arquebuse se rendirent en corps à la cathédrale Saint-Vincent et présentèrent leurs nouveaux drapeaux à l'évêque de Chalon, qui les bénit et prononça un discours empreint de la plus grande bienveillance. Les couleurs de Paris, bleu et rouge, unies au blanc de l'étendard royal, allaient donc être les livrées de la France régénérée! En les bénissant, le pontife émet le vœu « qu'elles ne soient jamais que le signal de la paix et le gage assuré de la tranquillité publique ». Il eut un mot délicat à l'adresse de l'Assemblée nationale, « ce Sénat auguste, dont la conduite et la fermeté justifient si pleinement la confiance de la nation ». Hélas! ces paroles renfermaient plutôt l'expression d'un souhait que le tableau vrai de la situation. Les campagnes, en Mâconnais particulièrement, continuaient à être le théâtre de cruelles et de basses vengeances. Les châteaux flambaient; les nobles expiaient dans d'affreuses tortures leurs antiques privilèges de race.

II

Dans son fol enthousiasme, la Constituante voulut, avant de poser les bases du nouvel édifice social qu'elle rêvait, faire table rase des institutions du passé. Une fièvre de désintéressement s'empara des deux premiers ordres, qui re-

noncèrent, durant la fameuse nuit du 4 août, à toutes leurs prérogatives, et même à toutes distinctions sociales. Mgr du Chilleau publia à cette occasion un mandement, où il exprime l'assurance « de voir disparaître pour toujours ce grand sujet de discordes et de divisions entre nous »; il ajoute: « toute prévention doit cesser à l'avenir contre des classes de citoyens qui semblent n'avoir attaché de valeur aux privilèges dont elles jouissaient que pour se réserver plus de mérite et de gloire dans l'abandon qu'elles voulaient faire. » Il termine en demandant à ses diocésains des prières « pour la conservation des jours précieux du monarque chéri... qui mérite, à si juste titre, le nom auguste de *Restaurateur de la liberté française* » et en prescrivant un *Te Deum* d'action de grâces.

Les espérances de l'évêque de Chalon ne devaient point se réaliser; les désordres, au lieu de s'apaiser à l'annonce des premiers articles de la Constitution, ainsi qu'on l'avait assuré, ne connurent plus de bornes : le vol, le meurtre, l'incendie avaient trop bien servi jusqu'à ce jour les émeutiers pour qu'ils renonçassent à les employer. N'était-ce pas là la principale force de la Révolution ? On sait que des misérables provoquèrent une famine factice dans le courant de septembre 1789, afin d'attiser davantage encore les haines et les vengeances populaires. Mgr du Chilleau s'imposa de lourds sacrifices pour venir en aide aux pauvres de son diocèse; mais, à mesure que des mains charitables prodiguaient les secours, des mains criminelles les accaparaient et les faisaient disparaître. On parvint ainsi à jeter le peuple de Paris sur Versailles et à s'emparer de la personne du roi comme d'un otage, dont les meneurs sauraient bien se servir plus tard.

L'Assemblée suivit à Paris l'infortuné Louis XVI; elle se trouva elle-même placée sous la pression des clubs et de la plus vile multitude. On le vit bien le 26 novembre, à propos de la confiscation des biens du clergé, proposée par Mirabeau et soutenue par son élève, le trop célèbre Talleyrand, évêque d'Autun. L'iniquité de cette mesure était si flagrante, qu'elle souleva la conscience d'hommes tels que Grégoire et Sieyès. L'Assemblée refusait de voter la loi spoliatrice; ce que voyant, les émeutiers organisèrent dans la rue un mouvement qu'ils donnèrent comme l'expression de la volonté du peuple et ils obtinrent par la violence ce que la justice impartiale condamnait manifestement.

Mais une fois cette première atteinte portée au droit consommée, la secte multipliera ses coups. Tous les prétextes lui sont bons, pourvu qu'ils aident à atteindre le but. C'est ainsi qu'à propos de la division de la France en départements, elle supprima d'un trait de plume, sans même consulter le Saint-Siège, les anciennes circonscriptions diocésaines et métropolitaines, pour leur substituer de nouvelles limites beaucoup plus étendues. On faisait disparaître, par ce procédé commode sinon honnête, près de cinquante sièges épiscopaux, dont plusieurs remontaient à la prédication de l'Evangile en Gaule. L'évêché de Chalon-sur-Saône était de ce nombre. Mgr du Chilleau se fit l'interprète éloquent de la pénible émotion qui s'empara de ses diocésains à cette triste nouvelle : « Notre église, la seconde parmi celles de la France pour l'ancienneté, se voit menacée d'un éternel anéantissement. Fruit du martyre de saint Marcel et de saint Valérien, peut-être ne sera t-elle point préservée de la destruction par le respect dû à leurs précieuses reliques qui reposent dans son sein. En vain peut-être elle dira que les deux Pères de la foi étaient enfants de saint Pothin, celui ci de saint Polycarpe, lequel avait écouté le disciple bien-aimé et qu'ainsi faire disparaître cet ancien monument de la religion, c'est rompre la chaine par où la France touche de plus près à Jésus-Christ.» (1)

Déchristianiser, *décatholiciser* la France, pour nous servir de l'expression de Mirabeau, était précisément le but où tendaient les violences et les machinations des sectaires. Aussi les réclamations de l'évêque, les justes plaintes des fidèles restèrent-elles sans effet. Les mensonges, les calomnies les plus odieuses répandues contre Mgr du

____

(1) Mandement de Carême pour l'année 1790. Il est daté de Dijon, le 26 janvier 1790. Le texte complet des mandements de Mgr du Chilleau est donné par M. Bauzon dans ses *Recherches sur la persécution religieuse*.

Chilleau avaient même fini par lui rendre impossible le séjour de sa ville épiscopale. Sur les instances de ses amis, qui craignaient pour ses jours, l'évêque de Chalon consentit à s'éloigner momentanément et se retira à la campagne, dans son château de La Salle. Mais il n'y jouit pas d'une plus grande sécurité, l'émeute gagnant de proche en proche, jusqu'aux villages les plus paisibles. Il revint à Chalon; la nouvelle de son retour fut le signal d'une violente explosion des haines révolutionnaires. Quelques energumènes se portèrent devant sa demeure et assaillirent ses fenêtres à coups de pierres.

Mgr du Chilleau crut devoir céder à l'orage et passa sur le territoire suisse, où il ne resta que peu de temps. Il se montra donc de nouveau dans sa ville épiscopale et reprit même le cours de ses augustes fonctions. Son courage aurait peut être désarmé ceux qui s'étaient faits ses ennemis; mais la secte qui les excitait secrètement lui avait juré une haine implacable. Pour soulever la multitude, elle eut recours aux calomnies les plus invraisemblables et qui n'en eurent que plus d'effet. On raconta que l'évêque avait fait creuser un souterrain depuis son palais jusque sous le club pour engloutir en un instant tous les membres de la Société ; qu'il voulait empoisonner les puits de la ville et formait le complot de l'incendier. Plus ces insanités étaient absurdes et plus elles étaient accueillies avec faveur par la multitude aveugle. Rien ne put détromper ces malheureux égarés, que le charitable prélat avait comblés de bienfaits l'hiver précédent. Il célébrait les saints mystères dans sa cathédrale, quand une troupe de forcenés s'y porta avec plein pouvoir de s'emparer de sa personne. Mgr du Chilleau échappa à ce pressant danger; mais, poursuivi par les membres de la nouvelle municipalité et dénoncé au tribunal criminel, dont la Constituante avait doté Chalon en compensation de la perte du siège épiscopal, il n'eut d'autre ressource, pour déjouer la malice de tant d'ennemis, que de prendre derechef le chemin de l'exil. Il ne fut pas le seul, hélas ! que nos discordes intestines contraignirent à chercher sur la terre étrangère la sécurité, qui semblait à jamais bannie du royaume très chrétien, autrefois l'asile des innocents persécutés. Au jugement impartial de l'histoire, l'émigration a peut-être été une faute ; elle ne fut pas un crime ; car, quels griefs articuler contre ces infortunés que le fer et le feu chassaient de leur propre demeure, que la délation et la haine envieuse poursuivaient sur tous les points du territoire français ? Si la Révolution s'est montrée implacable contre eux, c'est que leur départ forcé était, aux yeux de l'Europe, la preuve incontestée de ses fureurs et de ses injustices. Il n'y a donc aucun blâme à jeter sur la conduite de Mgr du Chilleau, ni sur celle de ses prêtres, qui, à sa suite, allèrent demander à la Suisse un refuge qu'ils ne trouvaient plus au milieu de leurs concitoyens, leurs frères égarés.

L'évêque de Chalon, voulant, malgré tout, croire que l'orage était trop violent pour avoir une longue durée, fit une étape sur la route de l'émigration et s'arrêta à Grenoble.

III

Pendant ce temps, les fédérations qui, dès le printemps, commençaient à s'organiser, allaient, disait-on, amener la fin des troubles. Le 11 mai 1790, l'assemblée des électeurs du district dont Chalon avait été choisi pour chef-lieu avait fait célébrer une messe solennelle à Saint-Vincent ; chanoines, gardes nationaux, volontaires, tous y avaient assisté. Cette fois, le calme semblait renaître dans les esprits. On atteignit donc sans incidents graves la fête solennelle fixée au 14 juillet, date significative aux yeux des moins clairvoyants.

Les détails pompeux de la cérémonie sont relatés avec l'emphase du temps dans les registres de la municipalité, où on peut les lire. Évidemment, le programme a été calqué sur celui de la grande fédération parisienne. Chalon eut sa messe solennelle célébrée en plein air, au *pasquier* de Saint-Jean-des-Vignes, qui servait de Champ-de-Mars ; les chantres firent entendre par trois fois la nouvelle formule des prières liturgiques : *Salvam fac gentem, salvam fac legem, salvum fac regem !* Vint ensuite la prestation du serment civique à la nation, à la loi, au roi ; singulière progression, en vérité ! Mais les utopistes de 1789 avaient la prétention de tout innover et même d'asseoir le nouvel édifice social sur une base plus mou-

vante que le sable : l'opinion ou la souveraineté populaire ! L'enthousiasme que supposent tant d'acclamations était, au fond, purement fictif ; partout, on le sait, les fédérations furent des fêtes sans lendemain. A Chalon, les causes du mécontentement étaient peut-être plus nombreuses qu'en aucun autre endroit.

Au malaise du présent, aux craintes de l'avenir s'ajoutait le vif ressentiment d'un grave échec qu'avaient essuyé auprès de l'Assemblée les envoyés de la ville. Chalon, par sa position favorable au centre du département de Saône-et-Loire, avait, semblait-il, quelques droits à être désigné comme chef-lieu. La préférence fut donnée à Mâcon ; de là, une source intarissable de plaintes et de récriminations. La municipalité, le corps de commerce avaient cependant multiplié les pétitions et les démarches ; rien n'y fit. On serait tenté de voir dans ce mécompte de toute une ville la punition de son odieuse conduite vis-à-vis de son vénérable évêque. Peu de temps, en effet, avant son départ pour le Dauphiné, Mgr du Chilleau avait failli être victime d'un sacrilège attentat : « une main toute remplie des aumônes du pontife était lancée pour atteindre son bienfaiteur, et il ne dut la vie qu'à la générosité d'un seul homme assez heureux pour avoir épargné à un misérable la consommation d'un grand crime ».

D'où venait une si inconcevable et si persistante animosité contre notre prélat ? Nous n'hésitons pas à en voir la cause dans sa courageuse fermeté à déjouer les attentats impies de la Révolution. Mgr du Chilleau avait été un des premiers évêques qui apposèrent leur signature à la fameuse déclaration présentée par un grand nombre de députés, le 19 avril 1790, sur le refus systématique de la majorité à ne point déclarer le catholicisme religion de l'État. Dom Cerle lui-même était l'auteur de cette motion qu'appuyait l'épiscopat presque tout entier. Plus de quarante-cinq chapitres, et, on peut dire, toutes les communautés régulières d'hommes et de femmes y avaient adhéré. A Chalon, le chapitre de la cathédrale Saint-Vincent donna l'exemple, qui fut suivi successivement par les chanoines de Saint-Georges, les Bénédictins de Saint-Pierre, les Ursulines, les Carmélites, les Visitandines, les Jacobines et les religieuses de Lancharre. Il y eut scission chez les Minimes et les Cordeliers; les uns signèrent la déclaration, les autres s'y refusèrent opiniâtrément. Ces derniers gagnèrent à leur parti les Carmes, les Oratoriens du séminaire et les Joséphistes du collège, et ne craignirent pas de taxer la lettre de leur évêque d'écrit séditieux et incendiaire ; ils parlaient même de le dénoncer à l'Assemblée nationale.

Voilà le crime impardonnable de Mgr du Chilleau ! Le bruit s'était répandu à Chalon qu'un prêtre parcourait en son nom les communautés de la ville, pour y faire signer un écrit contenant des représentations à l'Assemblée. Immédiatement, un jeune avocat rédige un acte de dénonciation au maire et commence une procédure qui aboutit à un ordre de comparution dans les vingt quatre heures intimé à Mgr du Chilleau. Le prélat, qui n'avait pas encore quitté son diocèse, n'eut aucune peine à justifier sa conduite, dans une lettre datée du château de la Salle, le 19 mai 1790. Le surlendemain, 21, il envoya lui-même aux officiers du bailliage le texte incriminé de sa déclaration ; il était de tous points conforme à celui de la protestation signée par trois cents membres de l'Assemblée nationale et par une foule innombrable d'ecclésiastiques du royaume, tant réguliers que séculiers.

Une fois en possession de ce dossier, le tribunal criminel de Saône-et-Loire, séant à Chalon, auquel les ennemis de l'évêque l'avait transmis, fut quelque peu embarrassé. Il n'y avait pas matière à instrumenter. Les juges décidèrent donc qu'il serait sursis à l'instruction, et, afin de s'en tirer avec honneur, décrétèrent dans leur sagesse patriotique que toutes les pièces de la procédure seraient envoyées à l'Assemblée nationale « pour être, par elle, ordonné ce qu'il appartiendra ». Il était impossible de donner une solution plus dérisoire à une affaire qui, si elle n'eût été odieuse, aurait été d'un ridicule achevé.

C'est peu après ce bel exploit des officiers municipaux de Chalon que Mgr du Chilleau se résigna, sur les instances de son clergé, à franchir la frontière; de Grenoble, il gagna la Suisse.

Mais au bout de quelques mois, pénétré des besoins du troupeau confié à sa garde, l'évêque de Chalon brave tout danger, accourt au milieu de ses ouailles, et publie, sur le territoire même confié à sa juridiction, une admirable lettre pastorale, datée du 15 décembre 1790, et dans laquelle nous lisons ce passage émouvant : « On nous ordonne, aujourd'hui, de nous séparer de vous; on veut briser cette chaîne spirituelle qui, par une succession non interrompue de pontifes, devoit unir, dans ce diocèse, le berceau même de la religion avec la fin des siècles. Hélas ! N. T. C. F., après avoir, jusqu'à ce jour, consacré à notre église nos soins, nos veilles et nos travaux, nous nous étions dévoués à sacrifier encore le reste de notre vie à son utilité et à sa gloire. Cette douce consolation nous seroit-elle ravie et serions-nous réduit à la triste perspective de pleurer jusqu'à la mort la ville de Sion, et de vivre éloigné d'un peuple dont la bonté forme le caractère et qui réunissoit toutes nos affections? »

Parlant de la suppression du chapitre cathédral et des collégiales de son diocèse, l'évêque de Chalon s'exprime ainsi : « Notre église est fermée, l'office public y est interrompu par la force ; il n'est plus permis à nos vénérables frères d'acquitter des prières journalières, dont la justice la plus étroite leur avoit imposé l'obligation, que de pieux fondateurs réclament en vain pour prix de leur fortune, et qu'ils attendent peut être pour l'entière expiation de leurs fautes. »

Non contente d'avoir bouleversé les circonscriptions ecclésiastiques et fait disparaître des sièges épiscopaux, l'Assemblée avait prétendu supprimer aussi les vœux monastiques. Ce nouvel attentat arrache à l'évêque de Chalon un cri de douleur et d'indignation : « On fait disparaître du milieu de nous ces maisons religieuses, seul asile de la pénitence et de la mortification chrétienne, où les âmes pieuses trouvoient encore un préservatif contre les dangers multipliés du monde, et dont quelques abus faciles à corriger ont fait calomnier l'institut même, quoique approuvé par l'Eglise universelle. On chasse de leurs solitudes de pieux cénobites qui s'y étoient voués pour toujours, et sous la garantie des lois. Qu'auroient fait de plus contre la religion ses plus mortels ennemis ? Et c'est alors qu'on nous menace de nous condamner au silence ! »

Comme il était facile de le supposer, cette lettre pastorale, si ferme et si émouvante, redoubla la fureur des révolutionnaires chalonnais. Le 1er janvier 1791, ils la dénoncèrent et la taxèrent d'*écrit incendiaire*. Les curés de Rully et de Sermesse, qui l'avaient lue en chaire, furent poursuivis. Un légiste obscur de Louhans, plus imbus des doctrines du *Contrat social* qu'expert dans la connaissance du droit, se porta partie civile contre Mgr du Chilleau, et le tribunal de Louhans, dans son zèle de parvenu, intenta une action judiciaire aux auteurs, imprimeurs, distributeurs et colporteurs de l'écrit intitulé : « Lettre pastorale de Mgr l'évêque de Chalon. » Les nouveaux magistrats avaient déjà oublié l'article des fameux Droits de l'homme, qui regarde comme le plus précieux de tous la libre communication des pensées et des opinions, et proclame l'entière liberté de la presse.

Il est vrai que l'Assemblée constituante n'avait guère plus de souci de se déjuger. Après avoir affirmé, dans la même déclaration, que nul ne devait être inquiété pour ses opinions, même religieuses, elle venait de décréter des mesures rigoureuses contre les ecclésiastiques fidèles, qui refusaient, en grandes masses, le serment schismatique qu'elle avait prétendu leur imposer.

Mgr du Chilleau, dont le siège avait été supprimé, n'étant plus réputé fonctionnaire, ne fut pas astreint à le prêter ; mais il n'est pas douteux qu'il ne l'eût repoussé avec toute l'énergie de son âme forte, ainsi que l'avait déjà fait l'immense majorité de son clergé. Les *jureurs* se recrutèrent péniblement parmi ce que les ordres religieux avaient de moins recommandable. Ils voulurent s'emparer de la houlette des véritables pasteurs ; mais les fidèles n'hésitèrent point à les regarder comme des intrus, et à leur refuser toute créance. Ce fut, on peut le dire après un auteur, la seule résistance sérieuse que la Révolution rencontra dans son œuvre de destruction, la seule « dont elle n'ait pu triompher : l'opposition populaire à la constitution civile du clergé ». Aussi, sa rage contre les « réfractaires » ne connaîtra aucune borne ; tous les moyens lui semblèrent bons : délations, violences, emprisonnements arbitraires, la mort, l'exil, tout fut employé « pour extirper ce chancre ».

A Chalon, le 30 janvier 1791, la municipalité signifia le serment aux cinq curés de la ville et à leurs vicaires, puis au supérieur et aux professeurs du collège, aux aumôniers des hospices non encore supprimés, et même aux religieuses de Lancharre et aux Jacobines. Nous avons hâte de dire que cette solennelle sommation fut en pure perte ; les officiers, qui n'avaient pas craint de se charger de la honteuse besogne, se heurtèrent à une résistance que rien ne put vaincre. Le 13 février suivant, les Joséphistes du collège, sollicités une seconde fois et ayant comme la première rejeté tout serment, la Société des *Amis de la Constitution* proposa de les remplacer par trois *jureurs*, venus de divers côtés, et plus ou moins préparés à leurs nouvelles fonctions ; mais leur patriotisme, tout au moins, ne pouvait être mis en doute ; cela suffisait et tenait lieu de science et de dévouement !

Le clergé des paroisses ne montrait pas plus de docilité aux injonctions de l'assemblée. A la fin, le conseil ou le bureau de la commune de Chalon fixa un dernier délai : les cinq curés de la ville reçurent, le 25 février 1791, sommation d'avoir à lire le dimanche suivant, à la messe, la *constitution* civile du clergé et de s'y conformer. En cas de refus, deux municipaux, lesquels devaient se trouver à l'office, liraient eux-mêmes le document, sage précaution, en vérité, qui devint pour nos pauvres magistrats une cruelle nécessité ! A Saint-Vincent, à Saint Georges, à Saint-Jean-de-Maizel, à Saint-Laurent, curés et vicaires refusèrent le serment ; il n'y eut que le curé de Sainte-Marie qui crut pouvoir obéir aux volontés tyranniques de la Révolution. Il lui avait déjà donné des gages de sa docilité.

Le soin de procurer des prédicateurs pendant le carême à ses diocésains était une des obligations les plus chères de Mgr du Chilleau. Le pouvoir civil ayant partout usurpé les fonctions ecclésiastiques, la municipalité de Chalon crut sérieusement qu'il était désormais de son devoir de remplir cette charge pastorale et se mit en quête d'un prédicateur pour Saint-Vincent. Malheureusement, aucune de ses démarches ne put aboutir. Etait-ce la grâce d'état qui manquait aux nouveaux pasteurs ou une sorte de fatalité s'attachait-elle à tous leurs efforts pour promouvoir le bien public, dont ils se disaient cependant à tout propos les zélés promoteurs? Nous ne saurions le dire.

Quoi qu'il en soit, les Chalonnais durent se passer de prédicateurs extraordinaires durant le carême de 1791. Le curé jureur de Sainte-Marie s'offrit bien à la municipalité pour la tirer d'embarras; mais l'archiprêtre de Saint-Vincent et encore moins les fidèles n'acceptèrent ses avances, et la chaire de la cathédrale resta vide. Du reste, jamais les fêtes de Pâques ne s'étaient célébrées à la ville et dans tout le diocèse avec de plus poignantes préoccupations. La liberté de conscience, tant prônée par les prétendus philosophes, n'existait plus nulle part en France. Le roi lui-même, qui avait voulu se rendre à Saint-Cloud pour y remplir ses devoirs de prince chrétien, en fut empêché par une émeute violente, le 18 avril. Les membres du directoire départemental de Saône-et-Loire ne pratiquaient pas autrement que les émeutiers de Paris la tolérance religieuse. Plusieurs couvents encore debout, des maisons particulières, où des prêtres non assermentés célébraient les saints mystères au milieu d'un concours toujours plus considérable de fidèles, furent envahis par des bandes à la solde de la Révolution. Le directoire compléta son œuvre en plaçant toutes les chapelles privées ou publiques sous la garde d'un préposé laïque. Mais rien ne pouvait vaincre la légitime défiance que les catholiques témoignaient aux nouveaux pasteurs, installés à l'aide des gendarmes ou au moyen de l'émeute. Le désert se faisait de plus en plus autour des *jureurs ;* voilà ce qui inspirait à la Révolution ses plus violentes colères. Du fond de son exil, Mgr du Chilleau continuait à veiller sur son troupeau ; il adressa, le 1ᵉʳ mars 1791, à ses chers diocésains, une nouvelle lettre pastorale, afin de les mettre en garde contre les séductions du schisme et contre les avances insidieuses des intrus. Il y réglait d'une manière très sage l'exercice de la juridiction spirituelle dans son diocèse, tant que durera la persécution.

Mais, de nouveau aussi, le scribe louhannais, le citoyen David, se porta partie civile contre l'évêque, et le tribunal recommença ses informations. Mgr du Chilleau fit défaut naturellement, ainsi que M. Gabet, curé de Dommartin, à qui l'exemplaire saisi de la lettre pastorale avait été adressé. Alors, on décréta prise de corps contre l'un et l'autre, le 2 août 1791. A tout prix, la magistrature de Loubans voulait bien mériter de la Révolution, qui avait érigé ce bourg fangeux en un chef-lieu de district !

IV

Plus ses ennemis déployaient d'acharnement contre lui, plus aussi Mgr du Chilleau leur témoignait de zèle et de dévouement. Il chercha par tous les moyens en son pouvoir à les ramener dans le chemin de la vérité et du droit. Peu de temps après sa lettre pastorale du 1ᵉʳ mars 1791, il fit paraître un *avertissement* sur l'élection des évêques constitutionnels de Saône-et-Loire et de la Côte d'Or, qui devaient se partager le territoire de son diocèse. Il déclare absolument nuls tous les actes de juridiction qu'ils prétendraient y exercer.

Dans le courant de mai de la même année, l'évêque de Chalon adressa à ses diocésains une dernière instruction pastorale, portant notification du bref de S. S. Pie VI, en date du 13 avril 1791. C'était la solennelle et irréfragable condamnation de la soi-disant constitution civile du clergé ; le schisme en reçut une atteinte dont il ne devait pas se relever. Mais la persécution redoubla de violence contre les prêtres fidèles : un grand nombre de ceux qui avaient réussi à se dérober jusqu'à ce jour aux dénonciations et aux poursuites dirigées contre eux, durent, à leur tour, prendre le chemin de l'exil et allèrent rejoindre Mgr du Chilleau, en Suisse.

A l'Assemblée, Mirabeau, qui sentait tout le danger d'une situation aussi tendue, essaya en vain de retenir son parti. D'après lui, on s'occupe trop des prêtres ; il oubliait, sans doute, que la Révolution était, par-dessus tout, une question religieuse; les réformes politiques, sociales et autres, dont le tribun aurait voulu qu'on s'enquît davantage, n'ont jamais été que des moyens ou des prétextes pour attaquer l'Église. Son élève, Talleyrand, plus logique, leva au même moment le masque hypocrite dont il s'était affublé jusqu'alors. Il ne porta qu'un instant le titre d'évêque de Saône-et-Loire, qu'il avait substitué à celui d'évêque d'Autun, et renonça publiquement à toutes fonctions ecclésiastiques. Son apostasie ne surprit personne ; mais elle fut une nouvelle flétrissure pour le clergé constitutionnel, dont il avait été le pontife le plus en renom.

Les électeurs du département s'assemblèrent afin de lui donner un successeur. Leurs votes désignèrent un des membres de l'Assemblée, J.-L. Gouttes, député par le clergé de Béziers aux États généraux, et l'un des plus chauds partisans du nouvel état de choses. Les prétentions de l'élu à exercer la charge pastorale dans les diocèses d'Autun, de Chalon et de Mâcon furent aussi tenaces qu'impuissantes. Personne, à Chalon, ne prit au sérieux la mission qu'il disait tenir de la Constitution, et, pour tous les actes religieux, on continua d'avoir recours à l'évêque légitime. C'est ainsi que Mgr du Chilleau eut la consolation de conférer, durant son exil, les ordres sacrés à un jeune clerc, qui se rendit à Fribourg à pied, en compagnie de l'un de ses frères, touchante et généreuse marque de fidélité, qui adoucit pour un instant l'immense affliction de notre prélat.

Louis XVI avait essayé de s'arracher à l'odieuse tyrannie que les clubs faisaient peser sur lui et sur toute sa famille ; on connaît l'issue fatale du voyage de Varennes (20 juin 1791). La seule perspective que leur malheureuse victime aurait pu échapper au sort qu'elles lui réservaient remplit de fureur les sectes révolutionnaires. Elles crièrent à la trahison et imaginèrent un vaste complot qui pût fournir un nouvel aliment aux haines de la multitude. Quoique exilé, Mgr du Chilleau avait trempé, disaient ses ennemis, dans la conjuration ; dès le 25 juin, le citoyen Millard fut députe, au nom de la commune de Chalon, à La Salle, afin de procéder à de minutieuses perquisitions dans le château de l'évêque. Mais, au lieu d'armes, de munitions de guerre et de papiers relatifs au départ du roi et à un projet de contre-révolution, les commissaires ne trouvèrent que des fragments de lettres adressées à divers ecclésiastiques. C'était un assez maigre butin ! Les perquisiteurs voulurent s'en venger sur les ennemis de la Révolution, en les forçant à ouvrir leurs portes au grand large. Il leur fut facile alors de fouiller et de vider tiroirs et secrétaires, noble besogne qui est restée dans les traditions de la secte.

A la Constituante avait succédé une seconde Assemblée, chargée de compléter et de continuer son œuvre *immortelle*. C'était une réunion d'hommes nouveaux, encore plus imbus que les députés du Tiers de tous les préjugés et de toutes les utopies de l'école philosophique. Aussi leur œuvre fut-elle encore plus néfaste ; la Révolution ne fit qu'accélérer sa course désordonnée ; en moins d'un an, la France roula au fond de l'abîme ; une monarchie de quinze siècles était renversée, et l'héritier de la plus belle dynastie du monde retenu captif dans une sombre prison !

Les événements dont Paris était le sanglant théâtre eurent leur contrecoup dans les provinces. L'année 1792 vit l'anarchie régner en maîtresse sur tous les points du territoire ; il n'y eut plus, nulle part, de gouvernement, encore moins de police ; les brigands purent se donner libre carrière ; les paysans, armés de faux, faisaient, à leur gré, des visites domiciliaires dans les châteaux et pillaient les maisons bourgeoises, dont quelques-unes commencèrent aussi à flamber. On ne vit jamais spectacle plus lamentable que cette absence complète de volonté dans les administrateurs des districts ou même du département. Nous nous trompons : ils conservèrent un reste d'énergie pour faire exécuter, malgré le *veto* royal, les mesures vexatoires édictées de nouveau contre les prêtres fidèles, par les beaux parleurs de la Gironde.

Le 14 mars 1792, le directoire du district de Chalon fit apposer les scellés sur les meubles de Mgr du Chilleau, réputé émigré ; mais l'évêque protesta par une lettre adressée au citoyen Champagne, ex-prieur des bénédictins de Saint-Pierre, disant qu'il n'est « sorti de France, en 1790, qu'avec un bel et bon passeport en parchemin, signé : Louis ». Il charge en même temps dom Champagne de s'opposer de toute son énergie à la démolition projetée de l'évêché et du château de La Salle. L'ère d'un épouvantable vandalisme ne devait pas, en effet, tarder de s'ouvrir.

En attendant, la municipalité de Chalon, à laquelle le ministre de l'intérieur avait fait écrire pour la blâmer de n'avoir pas remplacé les ecclésiastiques insermentés ou rétractés, prit un arrêté à l'effet de leur défendre désormais de dire la messe à Saint-Vincent. Il parait aussi que plusieurs citoyennes de la ville, peu édifiées de la conduite des *jureurs*, s'étaient permis certaines critiques sur leur compte. La justice du district s'en émut et interdit, sous des peines sévères, ces « propos indécents ».

Mais ce ne fut qu'après le 10 août que les décrets contre les prêtres insermentés reçurent, à Chalon, une pleine exécution. Leur départ laissa vides plusieurs postes importants; le ministère extérieur en souffrit et des murmures se firent entendre. C'est alors que les membres du district écrivirent à l'évêque du département, le citoyen Gouttes, de pourvoir au plus tôt à la déserte des cures en question.

Mais, soit que le gouvernement provisoire issu de l'insurrection et tout entier aux ordres de la franc-maçonnerie ait résolu la suppression graduelle des paroisses, soit que le petit nombre des *jureurs* n'ait pas permis de les pourvoir toutes, le directoire de Saône-et-Loire invita les assemblées électorales à surseoir à la nomination de plusieurs cures vacantes. Les pasteurs fidèles purent donc rester, en certains endroits, au milieu de leur troupeau, au grand mécontentement des schismatiques et des révolutionnaires. Ceux-ci prirent leur revanche en faisant édicter l'abominable loi du 26 août 1792. Tout prêtre insermenté ou réfractaire devait, sur la dénonciation de vingt citoyens du département, sortir du royaume sous peine de déportation.

Les sexagénaires, par une cruelle commisération, recevaient au chef lieu de chaque département un asile obligatoire, qui n'était qu'une prison déguisée, et où la plupart trouvèrent un trépas sans consolation.

Le décret du 26 août, promulgué à Chalon le 12 septembre suivant, força les ecclésiastiques non fonctionnaires, aumôniers et autres, qui avaient refusé le serment, à prendre, eux aussi, le chemin de l'exil. Ils se réfugièrent généralement en Suisse, et allèrent grossir, auprès de Mgr du Chilleau, le nombre des premiers proscrits. Si la présence de ses prêtres fidèles autour de sa personne était pour le prélat un motif de consolation, il ne pouvait s'empêcher de gémir sur le sort malheureux de la France, devenue la proie des factions et des sectes les plus abominables.

V

A peine réunie, la Convention avait proclamé la République et cité Louis XVI à sa barre pour l'envoyer, après un simulacre de procès, à l'échafaud qui, plus encore que le bonnet rouge devint l'emblème du gouvernement. La Terreur pesa donc de tout son poids sur l'âme de la France ! Nous ne redirons point ici les monstrueux attentats des tyrans qui disposaient alors de ses destinées et qui alliaient à une impiété cynique la plus insatiable soif du sang et de l'or.

A Chalon, les églises, dépouillées et profanées, reçurent des appropriations séculières. Un club s'était installé dans l'église des Carmes; les chapelles de cet édifice restant inoccupées, on les amodia à un industriel (6 février 1793). Au mois de juin suivant, les cloches, réputées inutiles, furent descendues des tours, et le métal mis à la disposition de l'Etat. Les vandales s'acharnèrent d'une manière particulière sur l'antique cathédrale de Saint-Vincent : les lustres, l'aigle du pupitre, les boiseries, les confessionnaux, les livres de chant, les vases sacrés, tout sollicitait l'appât de ces stupides pillards. Un malheureux, autrefois prieur de la confrérie du Saint-Sacrement, crut faire un acte héroïque en apportant à la commune les dépouilles de sa chapelle et en les faisant offrir à Cambon.

Quelques jours après Noël, dont la solennité avait été sévèrement interdite, la commune s'assembla et sollicita le plus sérieusement du monde l'autorisation de dégalonner les ornements sacerdotaux, déposés dans les salles de l'hôtel de ville.

Les morts ne devaient pas plus trouver grâce que les vivants; leurs ossements furent dispersés, leurs tombes mutilées et brisées; c'était, paraît-il, un moyen pour faire disparaître les derniers vestiges de la superstition et de la féodalité ! L'élévation des tours de Saint-Vincent blessait la juste susceptibilité des égalitaires républicains. Un arrêté du conseil de la commune en ordonna la démolition; l'adjudication fut annoncée à son de trompe et cédée au rabais après affiches.

Las cependant d'amonceler des rui-

nes et de faire couler le sang par tor-
rents, les nouveaux maîtres de la France
songèrent à donner des fêtes à leur bon
peuple, et, dût-on danser sur des cada-
vres, ils décrétèrent des réjouissances
publiques. Le 30 novembre 1793, la
commune de Chalon se mit en frais et
fit célébrer une fête en l'honneur de la
liberté et de la fraternité. Comme ces
divinités pouvaient paraître trop abs-
traites aux yeux de la foule qu'il fallait
émerveiller, on les fit représenter par
des déesses vivantes, lesquelles tinrent
en leurs mains des sentences « analo-
gues à leur divinité et au bonheur qu'elles assuraient ». Le compte rendu officiel ne parle pas de l'enthousiasme qui
dut transporter les Chalonnais ; il se
borne à mentionner le discours du citoyen Moyne, qui fut imprimé, et « le
chant des hymnes vraiment patrioti-
ques ».

Peu après, une nouvelle fête civique
fut décrétée pour le transport dans l'é-
glise Saint-Vincent des bustes de Marat, de Brutus Lepelletier, de J.-J.
Rousseau. Le même orateur célébra
avec force hyperboles les bienfaits de
la Révolution, et fit un pressant appel
à ses concitoyens, afin de les engager à
fréquenter assidument *le Temple de la
Raison*. Il faut croire que le nouveau
culte ne rencontrait pas de nombreux
adeptes dans notre ville ; car, pour forcer les citoyens à se rendre aux déca-
des et aux fêtes civiques, la commune
dut ordonner la fermeture de toutes les
chapelles particulières, qui lui faisaient
une concurrence dangereuse.

Elle supprima en même temps les
noms de saints que portaient encore certaines rues. De son côté, le directoire du
district promulguait dans toutes les com
munes de son ressort le calendrier ré-
publicain, lequel devait être suivi, non
seulement dans les actes publics, mais
même dans le commerce ordinaire de la
vie et dans les correspondances particulières. Plusieurs localités perdirent
leurs noms chrétiens et en reçurent d'autres plus conformes aux doctrines ré-
publicaines. Cependant, malgré le zèle
et l'ardeur des jacobins, la foi et les
pratiques religieuses conservaient, soit
à la ville soit à la campagne, leur antique et salutaire empire. Quelques prêtres fidèles, qui avaient été assez heureux pour échapper aux perquisitions
dirigées contre eux, y exerçaient en se-

cret le saint ministère. Une grange, une
ferme écartée, une maison au milieu
des bois, servaient d'asile au Dieu de
l'Eucharistie et à ses ministres. C'est là
qu'ils célébraient la nuit le sacrifice de la
messe et qu'ils administraient les sacre-
ments. Plusieurs premières commu-
nions, grâce à la vigilance toujours en
éveil de sentinelles volontaires, purent
avoir lieu avec une certaine solennité,
même durant les plus mauvais jours de
la Terreur. Les montagnes de Givry, de
Jambles, de Buxy, de Saules étaient
réputées comme infestées de fanatisme ;
Sassenay, Ouroux, Verdun avaient ré-
sisté de même à la propagande jacobine. La société populaire de Chalon et
son comité de salut public eurent recours aux moyens les plus violents afin
d'assurer, là comme ailleurs, le triomphe
de la raison. Une motion fut votée, au
commencement de 1794, pour forcer
les laboureurs et les cultivateurs à tra-
vailler les jours du ci-devant dimanche
et des fêtes. « Leur obstination fait
perdre, dit le rapport, un temps précieux
pour les travaux de l'agriculture et
porte un préjudice incalculable à la République entière. »

Les jacobins redoutaient surtout l'ap
proche de la fête de Pâques. Dans le
but de comprimer le mouvement religieux qui ne pouvait manquer de se
produire dans toutes les campagnes, durant les grands anniversaires de la mort
et de la résurrection du Sauveur, ils
ordonnèrent que tous les prêtres eussent
à se rendre au chef-lieu du district, où
on leur offrait un asile inviolable dans
la maison des ci-devant Ursulines, touchante sollicitude qui fut peu appréciee !
Les confesseurs de la foi restèrent à
leurs postes et distribuèrent l'Agneau
Pascal à une multitude de pieux chrétiens qui, comme dans les premiers siècles de l'Eglise, venaient recevoir le pain
des forts, afin d'être plus en état de lut-
ter contre les persécuteurs de leur foi.

Mgr du Chilleau avait maintenu dans
son diocèse l'organisation qu'il y avait
établie l'année précédente ; le service
religieux des paroisses restait confié
aux courageux missionnaires qui en
avaient accepté la direction. Le schisme
perdait chaque jour du terrain ; l'ap-
point révolutionnaire, qui avait été sa
principale ressource, lui manquait, depuis que le culte de la raison était devenu la religion officielle de la Républi-

que unie et indivisible. Les catholiques
se trouvaient seuls à résister aux séides
de Chaumette ; ceux-ci, ayant la force
en main, entreprirent de les contraindre
à participer à leurs odieuses saturnales.
Défense fut intimée aux débitants de
donner à boire et à manger pendant la
promenade du décadi, laquelle avait lieu
vers deux heures du soir, sous la surveillance de huit censeurs ; c'était, paraît-il, l'unique moyen pour la rendre
« décente ». Le cortège, ainsi tenu en
laisse, se rendait au lieu des séances de
la Société populaire au Temple de la
Raison, où des orateurs désignés à l'a-
vance faisaient aux auditeurs lecture
des lois et donnaient les nouvelles des
armées. Tous y étaient admis, princi-
palement les citoyennes, auxquelles on
assignait des places de faveur. Toute-
fois, malgré des invitations réitérées et
des ordres formels, l'assistance aux fêtes
décadaires laissait fort à désirer comme
nombre et comme qualité. Le 5 septem
bre 1794, un membre du comité en té-
moigne son mécontentement : « Serait-
ce mépris pour le peuple ? s'écrie-t-il.
Non ! c'est une espèce de torpeur et
d'indifférence blâmable. » Et, séance te-
nante, des peines sont décrétées contre
ceux qui n'assistent pas « aux fêtes, pro-
menades civiques, aux cérémonies ».

L'attrait ne devait cependant pas
manquer à ces réunions ; un citoyen,
poète en ses heures, avait composé un
hymne à l'Etre suprême, qui fut imprimé chez Delorme et devait être chanté
chaque décadi ; puis, quelle variété dans
le cérémonial adopté ! Tantôt, c'est la
plantation d'un arbre de la montagne
que l'on veut célébrer ; tantôt, c'est la
mort d'un martyr de la liberté, Riard
Beauvernois (héros resté obscur), tombé sous les murs de Lyon (26 décembre
1793) ; tantôt, enfin, la prise de l'in-
fâme ville de Toulon (9 janvier 1794)
qu'il importe de solenniser. On avait
lancé des invitations aux habitants de
la campagne pour cette dernière fête ;
des artistes, mandés tout exprès, furent
chargés de la décoration. Elle contenta
tellement les ordonnateurs qu'ils en firent dresser un rapport pompeux et
l'envoyèrent ensuite à la Convention et
au club des jacobins à Paris. Le jour-
nal du *Salut Public* en donna un compte
rendu, le 27 pluviôse an II (15 février
1794). Mais la fête la plus imposante
fut celle de l'Etre suprême, célébrée à

Chalon, le 20 prairial (8 juin), et cal-
quée sur celle qui venait d'avoir lieu à
Paris. Elle avait d'abord été fixée au
31 mai ; les préparatifs nécessaires, pour
lesquels cependant on réquisitionna la
garde nationale et les élèves des écoles,
forcèrent à la remettre à une semaine
(non une décade) plus tard. Mais, aussi,
quel spectacle grandiose la commune
put-elle offrir aux Chalonnais émer-
veillés ! Une montagne, formée des ro-
cailles enlevées à diverses communautés religieuses, se dressait en l'honneur
de l'Etre suprême ; le cortège officiel,
accompagné des quatre âges de la vie,
suivait un char enguirlandé, qui portait
le trophée des arts et des produits du
territoire.

Les magistrats tiennent à la main
un bouquet d'épis, de fleurs et de fruits ;
les vieillards portent des pampres de
vigne et de saule ; les hommes, des
guirlandes de chêne ; les jeunes gens,
des myrtes ; les enfants des violettes.
On arrive enfin au terme de la procession ; les femmes, les jeunes filles
couvrent de fleurs la statue de la liberté ; les tambours battent aux champs ;
un orateur développe les preuves de
l'existence de Dieu et de l'immortalité
de l'âme ; mais il n'a garde d'oublier les
horreurs causées par la superstition et
le fanatisme, les gloires et les bienfaits
de la République. Si le nom de Robespierre, l'ordonnateur et le pontife de
toutes ces solennités, ne fut pas pro-
noncé, il était sur toutes les lèvres.
Soudain, un violent incendie éclate ; il
dévore le groupe représentant au pied
de l'amphithéâtre la Discorde et l'A-
théisme. Les flammes vengeresses doi-
vent en purger à jamais le sol de la
France. Hélas ! on sait que, par une
amère dérision, le culte des théo-phi-
lanthropes vit la Terreur redoubler ses
violences ; plus que jamais, les têtes
tombent comme des ardoises.

Le féroce Javogues, conventionnel
en mission dans le Lyonnais, envoie
de Mâcon l'ordre d'incarcérer les membres du tribunal criminel de Chalon,
qui avaient fait arrêter deux ou trois
jacobins, bandits de la pire espèce, et
menace de faire subir à la ville, « nid
d'aristocrates », le traitement infligé à
Lyon. En attendant, Javogues trans-
fère de sa propre autorité le tribunal à
Autun Grand émoi à la Société populaire de Chalon ! A tout prix, il faut

faire rapporter par la Convention l'arrêté de son impitoyable proconsul : une députation est envoyée à Robespierre, Carnot, Barrère, Lindet, Couthon, Prieur, Billaud-Varennes, qui daignent pardonner à la cité coupable. Mais les jacobins chalonnais ne veulent plus s'attirer désormais le reproche de modérantisme. De nouvelles mesures sont par eux prises contre les fanatiques et les suspects, qui s'obstinent à ne point observer la décade et les fêtes « que la Convention a instituées pour faire des Français un peuple de frères, et que tous les peuples de l'univers s'empresseront d'imiter » *(sic)*. Ils demandent également l'érection permanente de la guillotine sur la place principale de Chalon, et le dépouillement des lettres et des paquets qui arrivent au bureau des diligences. Le plus grand nombre de ces correspondances qui furent saisies et ouvertes étaient des lettres adressées de Fribourg par les nobles exilés à leurs amis du diocèse. Mgr du Chilleau n'avait point, en effet, cessé de veiller à la garde de son troupeau, et faisait des efforts héroïques pour le préserver de la contagion du vice. Sous l'action délétère des plus mauvaises doctrines et des scandales officiels, les bonnes mœurs avaient subi, à Chalon, une funeste atteinte ; la débauche, lisons-nous aux registres de la Société populaire, propage une maladie contagieuse et funeste... la Société, considérant qu'un tel libertinage est absolument contraire aux décrets de la Convention, qui a mis la vertu et les bonnes mœurs à l'ordre du jour, invite le comité de surveillance à prendre les mesures qu'il jugera convenables. » Hélas ! il n'en put trouver aucune, car, quelle sanction en dehors de la foi peut on donner à la morale publique ou privée ?

VI

Impuissante à édifier quoi que ce soit, aussi bien dans l'ordre spirituel que dans l'ordre purement physique, la Révolution s'entendait merveilleusement à amonceler les ruines morales et matérielles ; elle reprit donc avec une rage nouvelle le cours de ses exploits : les croix qu'on apercevait encore çà et là dans Chalon furent abattues ou mutilées ; on fit un décret pour engager les citoyennes à ne plus porter à leurs cous ce signe de superstition. Des incarcérations eurent lieu ; le monastère des Cordeliers et celui des Carmélites, transformés en prison, ne suffirent plus à contenir tous ceux que les jacobins y faisaient conduire chaque jour ; il fallut songer à créer de nouvelles maisons d'arrêt. A son tour, le tribunal criminel, maintenu définitivement à Chalon, crut devoir donner des preuves de son civisme, et se fit le pourvoyeur de la guillotine, dressée sur la place de la Révolution (aujourd'hui place de Beaune).

Un courageux missionnaire, M. Godard, surpris à Jugy dans l'exercice de ses fonctions saintes, paya de sa tête le dévouement qu'il n'avait cessé de déployer pour le salut des âmes ; son supplice eut lieu à Chalon le 14 ventôse an II (4 mars 1794). Une seconde exécution capitale suivit de près. Mais, soit par un reste de pudeur, soit par timidité, les juges chalonnais préféraient renvoyer les accusés qui leur étaient déférés devant le tribunal révolutionnaire de Paris ; ils se bornaient, le plus souvent, à rendre des sentences de déportation.

Du reste, la chute de Robespierre, au 9 thermidor (27 juillet 1794), qui mit fin à l'abominable gouvernement de la Terreur, fut suivie, à Chalon comme ailleurs, d'une réaction irrésistible, dont profitèrent nos généreux exilés pour rentrer en France et voler au secours de leurs ouailles désolées.

Les églises ne furent point encore rendues au culte ; les prisons ne relâchèrent pas non plus toutes les victimes des jacobins ; mais on cessa de persécuter. Le bonnet rouge, qui avait remplacé les fleurs de lys sur les monuments publics, disparut ; les bustes de Marat et de ses dignes acolytes cessèrent aussi de décorer les salles de la commune. Quelques terroristes, souillés des crimes les plus monstrueux, allaient être poursuivis, quand des ordres d'amnistie ou d'indulgence vinrent les soustraire aux justes châtiments qu'ils méritaient.

Les tribunaux de la République n'avaient pas évidemment à informer contre les jacobins, mais uniquement contre les prêtres catholiques. Quelques-uns de ceux qui avaient suivi Mgr du Chilleau à Fribourg s'étaient montrés publiquement à Chalon ou dans les environs, et y avaient repris l'exercice du saint ministère. Dénoncés aussitôt, ils furent jetés en prison; le tribunal ne ratifia point cette sentence un peu discrétionnaire, mais il interdit toute manifestation du culte catholique et fit interner au chef-lieu les insermentés et les réfractaires.

Les constitutionnels obtinrent cependant pour leur usage l'église Saint-Pierre, qui avait été transformée en grenier à foin; l'abandon où les vrais fidèles les laissaient n'en devint que plus sensible. Quant aux révolutionnaires, ils se contentaient du culte officiel, lequel s'était singulièrement transformé, mais n'avait abandonné aucune de ses prétentions tyranniques. Les théophilanthropes reprirent l'œuvre des adorateurs de la Raison (1), et se mirent à donner des fêtes non moins obligatoires que le décadi. Les Chalonnais eurent successivement à célébrer, en 1795 et 1796, la fête du régicide, celle de la jeunesse, celle des époux, puis la fête des victoires, celle de l'agriculture, et enfin les commémoraisons toutes politiques du 9 et du 10 thermidor, du 10 août, et la proclamation de la République avec force décharges d'artillerie, arcs de triomphe et discours.

Le coup d'État accompli par la faction jacobine du Directoire le 18 fructidor an V vint rendre une nouvelle vigueur aux décrets de la Convention sur l'observation du décadi, et aux mesures de proscription édictées contre les prêtres fidèles. Des visites domiciliaires furent ordonnées dans tous les quartiers de la ville, et un apostat, chargé de dresser la liste des prêtres sujets à la déportation, en jeta un grand nombre sur le chemin de Rochefort. Les souffrances endurées par ces nouveaux confesseurs de la foi, sur les pontons, sont indicibles. Mais elles ne lassèrent ni leur constance héroïque ni leur admirable résignation.

Les réfugiés en Suisse, quoique à l'abri des vexations barbares de l'impiété révolutionnaire, eurent à supporter d'autres privations. Que de fois en particulier n'endurèrent-ils pas les tortures de la faim! Heureusement, Mgr du Chilleau vint à leur secours; il fit auprès de plusieurs souverains allemands des démarches actives pour assurer la subsistance de tant d'infortunés réduits au dénuement le plus complet. Grâce à son noble caractère, aux ressources de son esprit et à son amabilité, il obtint de l'électeur de Bavière les sommes nécessaires à l'entretien et à la nourriture de plus de cinq cents prêtres retirés dans le canton de Fribourg.

Mgr du Chilleau fut encore assez heureux pour préserver du pillage, par sa seule présence, une célèbre abbaye qui lui avait ouvert ses portes; mais, voyant son exil se prolonger, il sollicita du légat de Bologne l'autorisation de passer en Italie. Sans doute sur les instances de ses prêtres, il ne mit point ce projet à exécution, et resta en Suisse afin de ne pas rompre les communications qu'il n'avait pas cessé d'entretenir avec ses diocésains.

S'il était rentré, à cette époque, dans sa ville épiscopale, il aurait eu peine à la reconnaître, tant les bouleversements produits par la Révolution y avaient été profonds! Les vainqueurs de Fructidor ne manquaient aucune occasion de témoigner leur haine du catholicisme. Ils renouvelèrent la prohibition absolue des emblèmes religieux aux funérailles et en toutes les autres circonstances de la vie. Sous la Terreur, la commune avait fait confectionner un drap mortuaire tricolore, qui devait servir aux inhumations des citoyens. Cette haute et intelligente mesure de salut public reçut une nouvelle sanction des jacobins rentrés au pouvoir.

D'autres décrets réglementèrent l'observance du décadi : tout travail fut interdit en ce jour aux agents et employés

---

(1) Nous n'avons point trouvé dans les notes et les mémoires que nous analysons le récit circonstancié des fêtes de la Raison, à Chalon. Il n'en est pas moins certain que les églises de la ville et particulièrement la cathédrale Saint-Vincent furent souillées par ces mascarades officielles. Le 10 août 1793, la Convention avait inauguré le culte de la déesse Nature en dressant, sur l'emplacement de la Bastille, une idole colossale costumée en égyptienne. Mais ce n'était point assez pour la Montagne triomphant de la Gironde. Le culte de la Nature, où l'on s'enivrait d'eau pure et d'emphase, fit place à tout ce que le paganisme avait eu de plus hideux. De l'adoration du plâtre et du bois, on en vint à l'adoration de la chair vivante et nue d'une prostituée! Pour déifier la Raison, les ordonnateurs du nouveau culte imposé à la France firent partout monter, sur les autels de la ci-devant *Sainte Vierge*, une danseuse ramassée dans le ruisseau; à Paris, la Convention vint lui rendre les hommages; dans les autres villes, les corps constitués ne rougirent pas de suivre son exemple.

de l'État ; la commune elle-même ne siégeait point, sauf le cas d'urgence. Les écoles étaient fermées et les élèves conduits par leurs maîtres au temple de la Raison, ci-devant l'église cathédrale Saint-Vincent. Défense fut intimée aux marchands d'ouvrir en ce jour leurs magasins et d'étaler quoi que ce soit devant leurs maisons, aux aubergistes et traiteurs de recevoir des clients pendant l'office décadaire. Les artistes pouvaient établir des danses et autres divertissements publics ; mais ils auraient été frappés d'une condamnation s'ils avaient exercé leur industrie le dimanche. C'était surtout à l'approche des grandes solennités de l'année chrétienne que les tenants du culte officiel redoublaient de vigilance et de fermeté. Mais la persécution a toujours été impuissante. Les catholiques, soit à Chalon, soit dans la campagne, se montrent aussi fermes que leurs ennemis sont haineux ; ils refusent d'ouvrir leurs maisons de commerce le dimanche et ne se livrent à aucun travail, malgré les ordres qui leur en font une obligation ; ils n'ont aucun scrupule, au contraire, de vaquer, le décadi, à leurs occupations ordinaires, et, s'ils ne peuvent encore rentrer dans leurs églises, ils accomplissent, dans le secret du foyer domestique, tous leurs devoirs des bons chrétiens. Rien n'égale leur bonheur quand ils peuvent assister au saint sacrifice, célébré de nuit, tantôt sur un point et tantôt sur un autre.

VII

Cependant l'évêque de Chalon (1), du fond de son exil, continuait à encourager par son exemple et ses exhortations les généreux missionnaires auxquels il avait délégué le plein exercice de la

(1) Goutte, premier évêque constitutionnel de Saône-et-Loire, arrêté pour cause de modérantisme le 7 janvier 1794, au plus fort de la Terreur, fut traduit le 26 mars suivant devant le terrible tribunal révolutionnaire de Paris, qui l'envoya à l'échafaud. Ce n'est qu'en 1797 que le soi-disant métropolitain du Rhône s'avisa de lui donner comme successeur en Saône-et-Loire le nommé Thomas-Just Poullard, lequel se rendit à Chalon en 1801 et présida un synode de schismatiques à Saint-Marcel-lès-Chalon. Les actes de ce prétendu synode constituent des documents fort curieux, quoique le verbiage de l'époque y soit encore mêlé à un grotesque ridicule.

juridiction spirituelle dans son diocèse. Prêtres et fidèles n'avaient point cessé de le considérer comme leur premier pasteur, et ils recouraient à lui, autant que les circonstances le permettaient, pour toutes les affaires importantes. Mgr du Chilleau fut du nombre des prélats français qui, en 1798, souscrivirent l'instruction sur les atteintes portées à la religion.

Mais la réaction terroriste du 18 fructidor, qui avait renouvelé et même aggravé les arrêts de proscription et de mort déjà antérieurement portés contre les ministres fidèles de Jésus-Christ, finit par lasser le pays. Il n'y avait qu'un cri dans toute la France contre le gouvernement du Directoire, inepte autant qu'impie. Chacun aspirait au rétablissement de l'ordre, de la paix religieuse surtout ; les églises, on peut le dire, s'ouvraient d'elles-mêmes et la restauration du culte catholique dans toute la France n'était plus qu'une question de jours ; elle s'imposait à tous ceux qui prétendaient encore diriger les affaires du pays. Bonaparte lui-même subit plus qu'il ne seconda ce magnifique réveil de la vieille foi de la France ; son coup d'Etat du 19 brumaire n'aurait pas eu lieu que le retour des évêques dans leurs diocèses, des prêtres dans leurs paroisses se serait universellement accompli.

Au mois d'avril 1800, des négociations furent échangées entre Mgr du Chilleau et l'administration municipale de Chalon ; elles eussent abouti sans aucun doute, si, d'autre part, le premier consul et le Saint-Siège n'avaient déjà posé les bases de l'arrangement qui devait, après bien des difficultés, toutes inspirées par l'obstination et la mauvaise foi, — il faut le dire, — des négociateurs français, amener enfin la signature du Concordat de 1801. On sait au prix de quels sacrifices cruels Pie VII signa avec Bonaparte ce traité de pacification religieuse. L'un des plus pénibles fut assurément la résignation de leurs sièges, qui fut demandée aux vénérables et légitimes titulaires des évêchés de France. « Ces pasteurs, dont les uns avaient tenu tête à la persécution, affronté vingt fois la mort au milieu de leur troupeau pendant la tyrannie de la Révolution, et dont les autres avaient traîné une existence pénible et pleine d'angoisses sur la terre étrangère, étaient loin de s'attendre à ce coup... d'autorité... La démission était pour eux la rupture du lien qui unissait leur âme à leur diocèse, le sacrifice d'une dignité relevée par leur courage dans la persécution, l'épreuve de l'indigence avec ses privations les plus pénibles (1) »

Le plus grand nombre des prélats français se soumirent aux volontés du Souverain Pontife avec une abnégation qui nous fait connaitre les véritables sentiments de l'ancien clergé à l'égard du Saint-Siège. Quelques-uns, cependant, différèrent plus qu'ils ne refusèrent leur adhésion à la nouvelle situation faite à l'Eglise en France, et nous avons le regret de compter parmi ces derniers Mgr du Chilleau qui, à maintes reprises, avait offert spontanément de quitter son siège, si le bien de l'Eglise l'exigeait.

Mais tout en croyant retenir leurs titres, ces prélats déclarèrent authentiquement qu'ils conféraient l'exercice de leur juridiction sur leurs anciens diocèses aux nouveaux évêques qui y seraient institués par le Souverain Pontife. C'est ainsi que furent brisés les liens qui, jusqu'à ce jour, n'avaient cessé d'unir Mgr du Chilleau au clergé et aux fidèles de Chalon. La restauration du culte catholique dans notre ville se fit donc en dehors de sa participation immédiate, mais non sans son secret appui ni sans une joie intime de son cœur.

Vers la fin de 1798, l'ancienne cathédrale Saint-Vincent avait été, au grand détriment de l'édifice, transformée en halle aux blés; l'église Saint-Pierre devint alors le temple décadaire, tout en continuant de servir aux constitutionnels. Mais sous la pression irrésistible de l'opinion publique, qui se déclarait hautement en faveur du rétablissement pur et simple de la vieille foi, les magistrats de Chalon rendirent aux catholiques l'usage exclusif de Saint-Vincent, à la seule condition de se conformer aux prescriptions légales. Grande fut la déconvenue des schismatiques, lorsqu'on leur enleva une position qu'ils s'étaient efforcés de conserver par des démarches réitérées et de nouvelles flagorneries à l'adresse du pouvoir. Dans leur désespoir, ils entreprirent de

résister à force ouverte et de ne céder le terrain que devant le commissaire de police. Leur cause, tant de fois condamnée, était donc à tout jamais perdue. Le Concordat fut le dernier coup porté à la constitution civile du clergé.

MM. les vicaires généraux, administrateurs du diocèse de Chalon, adressèrent aux curés et aux missionnaires un mandement relatif à l'heureuse conclusion de la paix religieuse et à la nouvelle circonscription diocésaine. La ville de Chalon perdait son siège épiscopal et ne conservait plus que trois églises ouvertes au culte : Saint-Vincent, Saint-Pierre et Saint-Laurent (anciennement les Cordeliers), qui ne fut pas maintenue. Cependant, comme pour rendre hommage à son antique prééminence spirituelle, ce fut à Chalon, dans l'église Saint-Vincent, qu'eut lieu l'institution officielle des vicaires généraux et des curés cantonaux du nouveau diocèse d'Autun. Cette imposante cérémonie s'accomplit le 25 brumaire an XI (16 novembre 1802), en présence du préfet de Saône-et-Loire, M. de Roujoux, lequel s'en crut le président et, à ce titre, adressa aux ecclésiastiques réunis un discours conforme aux idées du gouvernement.

Mais la convocation du nouveau clergé diocésain, tout honorable qu'elle était pour notre cité, n'a pas laissé dans la mémoire des habitants un souvenir aussi profond que le séjour que fit à Chalon, durant la semaine sainte de 1805, S. S. le pape Pie VII retournant en Italie après le sacre. Le Souverain Pontife arriva le mardi saint 9 avril, et ne se remit en route que le lundi de Pâques. Le vendredi saint, il assista, dans l'église Saint-Vincent, à l'office célébré par son grand pénitencier, et fit l'adoration de la Croix suivi des cardinaux, de Mgr de Fontanges, archevêque-évêque d'Autun, et des prélats et officiers de Sa Sainteté. Le soir, il visita les hospices, portant aux pauvres malades des paroles de consolation et des secours, qu'il distribua largement. Le saint jour de Pâques (14 avril), Pie VII se rendit, à l'issue de la messe, en procession de Saint-Vincent à Saint-Pierre, et donna, du haut d'une estrade élevée sur la place, la bénédiction solennelle à une foule immense qui, ce jour-là comme les précédents, s'était partout attachée à ses pas.

------

(1) Elie Méric. *Histoire de M. Emery.*

Mgr du Chilleau resta sur la terre étrangère jusqu'en 1814, époque où il rentra en France à la suite des Bourbons, auxquels il avait voué une fidélité inviolable. Sa conduite ne démentit pas un instant ce noble attachement qui s'alliait en lui à une régularité de vie des plus édifiantes. Le 8 novembre 1816, il adressa à Pie VII une lettre où il proteste de son dévouement et s'excuse humblement de ses restrictions passées.

L'année suivante, un nouveau concordat élaboré entre le Saint-Siège et Louis XVIII rétablissait le siège épiscopal de Chalon, et déjà le nouveau titulaire était désigné. De misérables susceptibilités parlementaires firent échouer la conclusion définitive du traité et l'évêque nommé de Chalon fut plus tard transféré au siège archiépiscopal de Tours, que Mgr du Chilleau occupa lui-même de 1817 à 1824, date de sa mort. Il avait été créé pair de France en 1822. Durant cette dernière partie de sa vie, qui ne fut pas la moins féconde ni la moins méritoire, Mgr du Chilleau prouva que les forces physiques ne sont pas toujours nécessaires pour remplir efficacement les devoirs spirituels. Il encouragea par son admirable exemple une foule de prêtres valétudinaires à redoubler d'efforts pour le salut des âmes et fonda plusieurs œuvres de piété et de charité. Avant sa mort, il distribua aux pauvres la majeure partie du patrimoine qui lui restait. On assure qu'il ne parlait jamais qu'avec attendrissement de son église de Chalon, laquelle de son côté a écrit son nom sur ses dyptiques sacrés, à côté de celui de ses pontifes les plus vénérés.

Le biographe de notre prélat signale l'affabilité avec laquelle il recevait tout le monde, le plaisir qu'il avait à obliger, à donner de bons conseils et à soulager les malheureux. Ainsi qu'il ressort de sa longue carrière, Mgr du Chilleau fut un esprit juste, ferme et droit, une âme forte, aimant le vrai, incapable de transiger avec l'erreur ou le fait accompli, un cœur franc, dévoué, inébranlable, supérieur aux intrigues de l'ambition comme aux coups de l'adversité.

Chalon-sur-Saône, imprimerie SORDET-MONTALAN.